CW01622466

© Éditions MORDICUS, 2011
2 rue Asseline, 75014 Paris
Tél. 01 55 43 96 76/Fax 01 43 57 60 63
contact@editions-mordicus.com
Responsable éditoriale : Emmanuelle Duverger
Correctrice : Roberte Carrière
Editing : Pierre Veilletet
Maquette et réalisation : Nord Compo

ISBN : 978-2-918414-48-3
N° 0505-II
Dépôt légal : octobre 2011

Le Code de la propriété intellectuelle interdit les copies ou reproductions destinées à une utilisation collective. Toute représentation ou reproduction intégrale ou partielle faite par quelque procédé que ce soit, sans le consentement de l'auteur ou de ses ayants cause, est illicite et constitue une contrefaçon sanctionnée par les articles L. 335-2 et suivants du Code de la propriété intellectuelle.

Gabriel Cohn-Bendit

WITHDRAWN

À bas le Parti Vert !

Vive l'écologie !

MÉDIATHÈQUE
INSTITUT FRANÇAIS
DU ROYAUME UNI

324.28
COH

ÉDITIONS **MORDICUS**
Coups de colère

Gabriel Cohn-Bendit, dit « Gaby », né en 1936, est un militant français de l'éducation alternative connu notamment pour la fondation du lycée expérimental de Saint-Nazaire et la création du Réseau Éducation Pour Tous en Afrique (REPTA) en 2003. Après avoir fréquenté les cercles de l'extrême gauche dans les années 1960-1970, il s'est rapproché du mouvement écologiste au début des années 70. En 2009, au lendemain du succès, aux élections européennes, de la liste Europe Écologie menée par son frère, Daniel Cohn-Bendit, il crée l'association « Les Amis d'Europe Écologie » dont il devient le président. Une structure qui se veut… « biodégradable » !

Bibliographie

Nous sommes en marche. Autobiographie, Gabriel Cohn-Bendit, Flammarion, juin 1999.

Lettre ouverte à ceux qui n'aiment pas l'école, Gabriel Cohn-Bendit, Little big man, novembre 2003.

À bas le Parti Vert !
Vive l'écologie !

Comment le Parti Vert en est-il arrivé à passer d'une victoire électorale incontestable aux élections européennes de 2009 au petit score prévisible de l'élection présidentielle de 2012 ?

Première raison : pour le scrutin européen de 2009, le Parti Vert avait été mis sur la touche. Europe Écologie, ce n'était pas « les Verts ». Deuxième raison : le Parti Vert se montre incapable de voir la différence entre ces deux types d'élections, un scrutin de liste à la proportionnelle et un scrutin majoritaire où il faut arriver au moins en seconde position du premier tour pour avoir une chance de gagner au deuxième.

Un maigre score au scrutin de liste n'a d'autre conséquence que de vous donner un petit nombre de députés. En revanche, dans un scrutin majoritaire, vos voix peuvent manquer à un candidat pour qui vous auriez voulu voter au deuxième tour. Telle est l'histoire du 21 avril 2002 et de l'élimination de Jospin. C'est parce qu'ils n'ont pas voulu reprendre ce risque en 2007 que les écologistes n'ont pas voté pour Dominique Voynet.

Nombreux sont les écologistes qui feront tout pour éviter le désastre d'un face-à-face Sarkozy-Marine Le Pen au deuxième tour de l'élection présidentielle de 2012.

C'est pourquoi, en juin 2011, lors des primaires écologistes, j'ai écrit, en écologiste responsable à défaut d'être encarté, cette lettre ouverte à Eva Joly que je connais, mais que j'aurais pu envoyer à Nicolas Hulot que je ne connais pas personnellement :

Chère Eva,

Le Congrès du Parti Vert en a fini avec le rêve que nous avions fait pendant et juste après les élections européennes, à savoir la création d'une grande formation écologique pouvant, sur le plan électoral, rivaliser avec le PS.

En Allemagne, ce rêve est une réalité. Jamais les Jean-Vincent Placé ou Cécile Duflot n'auront l'aura du vieux compagnon de lutte de Dany, à savoir Joschka Fischer. Jamais cette formation sectaire qu'est le Parti Vert français n'aura un président de région comme c'est le cas en Allemagne.

Tu sais que le « politburo » des Verts a choisi Nicolas Hulot comme candidat après t'avoir mis en avant pour t'éloigner de Dany. Le candidat qui sortira des primaires vertes sera le candidat de la petite secte verte et non celui des écologistes qui ont voté aux Européennes pour la liste Europe Écologie.

Chère Eva, sois la championne des écologistes et non du Parti Vert. Nous savons qu'au deuxième tour, il y aura, si tout se passe bien, un ou une socialiste. Alors ouvrons, dès aujourd'hui, des négociations avec les candidats aux primaires du PS et sois notre porte-parole.

Il faut qu'ils acceptent :

1) le débat et le référendum sur le nucléaire avec la question posée dans la tribune que tu as signée avec Dany, José Bové et Nicolas Hulot à savoir le non-renouvellement du parc nucléaire.

2) Les 268 propositions du Grenelle de l'environnement, fruit d'un compromis élaboré par les représentants de la société civile, et votées unanimement au Parlement puis détricotées pour partie par la majorité de Sarko.

3) L'introduction d'une dose significative de proportionnelle aux élections législatives et, dès les prochaines, une représentation qui tienne compte des résultats des Européennes et des régionales et refuser l'aumône de 15 députés.

4) Un vice-Premier ministre chargé de l'écologie comprenant l'énergie, l'agriculture, le transport, le logement… (prôné par le pacte écologique et signé par tous les candidats de 2007).

5) Que des écologistes soient pleinement associés à la campagne.

S'ils acceptent ces cinq conditions et que nous puissions développer pendant la campagne d'autres points, à quoi nous servirait d'avoir un candidat avec le risque soit de refaire le score de Dominique Voynet en 2007 (moins de 1,5 % et, si on y ajoute les voix de José Bové, à peine 3 %) ; soit, si on est au-dessus de 5 % comme Noël Mamère en 2002, de se retrouver avec un duel Sarko-Marine Le Pen au deuxième tour.

Si le PS nous envoie sur les roses, nous le ferons savoir publiquement et nous présenterons un candidat à ce moment. C'est le PS qui prendra la responsabilité d'un échec.

D'ici aux primaires du PS, jouons le rôle que Hulot a joué en 2007, sans être candidat, mais en nous adressant uniquement aux candidats des primaires du PS, en ignorant évidemment Sarko qui, dans le domaine de l'écologie, s'est à tout jamais discrédité. Et laissons à Hulot le soin de jouer le rôle de Dominique Voynet avec les résultats que l'on connaît.

Amicalement et affectueusement,

Gaby

Contre toute attente, c'est Eva qui est sortie gagnante des primaires, mais elle n'a pas voulu m'écouter. Car il faut le dire et le redire, les amis de Nicolas Hulot, Pascal Durand et Jean-Paul Besset, avaient perdu leur âme en passant un accord avec le politburo pour que leur ami soit le candidat de la direction. Ainsi, lors du congrès de La Rochelle, Pascal Durand s'est-il retrouvé second sur la liste Duflot contre Dany.

Juste avant les primaires, Nicolas Hulot m'a téléphoné : je lui ai fait part de mon opposition à une candidature écologiste pour les présidentielles, ainsi que ma rogne envers ses amis et leurs magouilles avec la direction des Verts.

Et les Verts se lancent dans la bataille, sans avoir eu la moindre discussion sur une autre stratégie possible (si cela permet à Eva de mettre les pieds dans le plat comme pour la commémoration du 14 juillet, ce sera toujours ça de pris…). La direction du PS les pousse à se présenter, avec cet autre argument démenti par le 21 avril 2002, qu'il faut avoir le plus de candidats au premier tour pour rassembler au deuxième… Encore faut-il être présents lors de ce satané deuxième tour !

Je me moque de Mélenchon et de sa démagogie nationaliste, mais pourquoi le Parti Vert s'enferre-t-il dans cette folie qui va faire perdre à l'écologie tout ce qu'elle avait gagné aux élections européennes ? Un boulevard politique lumineux que le Parti Vert transforme en une sombre impasse. Comment en sommes-nous arrivés là ?

Pour la direction des Verts, la mainmise sur le parti passe avant les intérêts de l'écologie. Alors oui, j'affirme : « *Pour que vive l'écologie, il faut en finir avec le Parti Vert.* » Dans « le Parti Vert », c'est le « parti » que je vise. Et non le Vert... Le vert est une couleur symbolique que j'aime et, sous cette couleur, se sont menés des combats auxquels j'ai participé. De plus, être « vert » à plus de 75 ans me semble flatteur !

Le « parti », en revanche, est une dangereuse monstruosité qu'il faut combattre, que ce soit sous son pire modèle, le « Parti léniniste », dont le Parti Vert a copié bien des aspects. Ou que ce soit sous sa forme « démocratique », type social-démocratie, UMP ou autres formations centristes. On connait les ravages que le « léninisme » a faits en Russie après la révolution de 1917, et ce, dès le début, sous la direction de Lénine et Trotski alors que Staline n'était qu'un sous-fifre pratiquement inconnu. Trotski a été le maître à penser de Staline. Qu'on en juge par ces quelques citations de lui quand il est au pouvoir :

« *Les masses travailleuses ne peuvent errer dans toute la Russie. Il faut former des contingents punitifs et mettre dans des camps de concentration ceux qui désertent le travail.* » IXe Congrès du Parti bolchevik, avril 1920.

« *Le jeune État ouvrier a besoin de syndicats, non pour qu'il luttent pour de meilleures conditions de travail, mais pour qu'ils disciplinent les ouvriers. Les syndicats doivent soumettre les ouvriers à une discipline et leur apprendre à considérer les intérêts de la production avant leurs propres besoins. »* IIIe Congrès panrusse des Syndicats, 1920.

Enfin, voici comment Trotski s'en prend aux militants d'un courant au sein du Parti bolchevik qui tentait de sauvegarder quelques principes démocratiques :

« Ils ont fait des principes démocratiques un fétiche. Ils ont placé le droit des ouvriers à faire élire leurs représentants au-dessus du parti. Comme si le parti n'avait pas le droit d'affirmer sa dictature. Le parti est contraint de maintenir sa dictature sans tenir compte des flottements provisoires dans la réaction spontanée des masses, ni même des hésitations momentanées de la classe ouvrière… » Xe Congrès du Parti bolchevik, 1921.

On l'aura compris, le parti, quelle que soit sa forme, est le lieu où tout se décide. Les citoyens ne sont là que pour approuver ou désapprouver ce qui est édicté en dehors d'eux.

Même la majorité des adhérents n'a que très peu le droit à la parole. Tout se joue au sein de la petite caste de ceux qu'on appelle les « militants » lesquels, quelle que soit la formation, ne représentent que 10 à 20 % des adhérents. Les militants ? Une petite troupe de permanents, d'élus, d'assistants d'élus, de ceux qui briguent un poste d'élu, de ceux dont la vie n'est faite de rien d'autre et qui peuvent se réunir à la commande, à n'importe quelle heure du jour et n'importe quel jour de la semaine, aussi souvent que la direction le demande…

Oui, je suis allergique à la structure parti, ayant été contaminé, dans ma jeunesse, par le virus du « parti ».

Jeune sartrien, étudiant en philosophie à la Sorbonne, j'avais suivi le maître dans sa dérive néostalinienne et adhéré à la cellule de philo du PC. C'était, comme nous le disait Sartre, *« pour le changer »*. Quelle folie de vouloir changer une telle machine ! Un an plus tard, la cellule de philo en son entier était devenue trotskiste : la même horreur en plus petit. L'année suivante, j'avais rejoint le plus libertaire, et le moins partidaire, des groupes marxistes : « Socialisme ou Barbarie ». Je serai toujours reconnaissant à Claude Lefort et à Cornelius Castoriadis de m'avoir définitivement vacciné contre le virus du « parti ». Celui-ci a aussi pour conséquence d'amoindrir les facultés intellectuelles. Edgar Morin, qui a adhéré au PC (après avoir été résistant pendant la guerre), en a été exclu après 1949 pour déviation « titiste » ! Dans son « autocritique », publiée en 1959, sur les raisons qui l'ont amené à défendre des choses indéfendables quand il était membre du parti, il écrit : *« Je ne plaide ni innocent ni coupable, je plaide l'atrophie mentale. »* Dans les années post-soixante-huitardes, on a vu la fine fleur de l'intelligentsia française à l'École normale supérieure psalmodier le petit livre rouge de Mao, qu'Edgar Morin baptisera « le petit bêtisier », et que nos maoïstes supérieurs porteront au pinacle de la pensée humaine.

Quant à moi, je suis devenu un intermittent du spectacle politique, qui joue de temps à autre, dans une troupe politique, un rôle secondaire, mais, me semble-t-il, non négligeable.

J'ai adhéré aux idées écologiques dans les années 1970. J'ai alors lu « Halte à la croissance » et les analyses du Club de Rome. Mon premier acte politique a été de soutenir, sans être membre d'une quelconque formation politique, la candidature de René Dumont à l'élection présidentielle de 1974. À Saint-Nazaire, nous étions sept à avoir signé un communiqué de soutien, dont mon vieil ami Gilles Denigot, un des rares ouvriers à avoir toujours fait partie de la mouvance écologique. Gilles, docker, avait réussi à arracher aux staliniens le syndicat CGT des dockers.

Je n'ai jamais pu adhérer au Parti Vert, créé par les amis d'Antoine Waechter. Nous avions surnommé ces derniers les « Khmers verts » à cause de leur intégrisme. Eh ! oui, déjà ! Les jeunes gens d'aujourd'hui ne savent plus ce qu'étaient les Khmers rouges, d'où l'usage d'un sobriquet réactualisé : les talibans verts. « Taliverts » pour les intimes. Dans les années 1990, j'ai adhéré à Génération Écologie, que Brice Lalonde avait créé quand il était ministre de Michel Rocard. C'est à ce moment-là que Jean-Louis Borloo et moi avons été, un court moment, « camarades » de parti.

Génération Écologie apportait, incontestablement, de l'air frais, un esprit d'ouverture. On y acceptait la double appartenance. Ainsi, pouvait-on être membre du PS et membre de GE, ce qui fut le cas de Marie-Noëlle Lienemann. Mais le PS y a mis le holà : les camarades devaient choisir ou s'exposer à des sanctions. En 1992, aux élections régionales, GE a fait près de 8 % et les Verts 7 %. Il y a donc déjà vingt ans, les écologistes pesaient 15 % des suffrages, c'est-à-dire mieux qu'aux élections régionales de 2010.

Et puis, Brice a transformé GE en petite entreprise familiale. Les décisions s'y prenaient « là-haut ». Petit à petit, tout le monde a déserté ; les Verts, eux, se sont encore plus rabougris. Quel gâchis ! Je le dis et je le répète : *« Les écolos sont capables du meilleur comme du pire, mais c'est toujours dans le pire qu'ils sont incontestablement les meilleurs. »*

Dany est un excellent révélateur pour détecter la présence du virus du « parti ». Oui, je suis heureux d'avoir pu le vacciner très jeune. Il n'a jamais appartenu à une quelconque formation léniniste. Dany a toujours été et restera un électron libre, qui ne se pliera jamais à la discipline d'un parti. En 1994, le Parti Vert allemand a failli ne pas le désigner comme candidat aux élections européennes, parce qu'il était pour une intervention en Bosnie, laquelle contrevenait au pacifisme des Verts allemands. À la question : *« Quelle position défendras-tu au Parlement européen sur la question de la Bosnie, celle du parti ou la tienne ? »* il a répondu : *« Celle que je crois juste : la mienne. »* Ils l'ont quand même désigné comme candidat, mais en dernière position éligible. Et il a été élu.

En 1997, Dany m'a dit qu'il aimerait bien conduire la liste des écologistes en France pour le scrutin de 1999. L'idée de faire une campagne avec lui me plaisait bien. À l'époque, je participais aux activités d'un petit groupe, autour de Noël Mamère, « Convergences écologie solidarité ». Nous étions en discussion avec les Verts pour une possible fusion à condition qu'ils modifient les dispositions les plus aberrantes de leurs statuts, et celles-ci étaient nombreuses... C'est ainsi que « Convergences » leur a proposé de faire de Dany notre tête de liste commune pour les élections européennes de 1999.

Nous vivons dans un système à base 10. C'est ainsi que, depuis 1968, date de naissance politique de Dany, on a fêté en 1978 le dixième anniversaire de 68, et en 88 le vingtième. En 1998, une fois de plus, Dany serait, en ce trentième anniversaire, au centre de l'actualité. Aux journées des Verts, qui se déroulaient à La Rochelle en 1997, c'est moi qui leur ai fait la proposition de faire de Dany notre candidat commun, en tête de liste, lors des prochaines élections européennes… Tollé général ! Pourtant, je n'avais fait que reprendre l'assentiment de Dominique Voynet à cette hypothèse, aux journées d'été de Sanguinet dans les Landes. Le parti réagit violemment : quelle idée ! Pourquoi aller chercher un leader en Allemagne !

En cette année 98, la presse tannait les Verts : *« Vous en voulez ou non de Daniel Cohn-Bendit ? »* Déjà, au sein du Parti Vert, de bons esprits répandaient la rumeur que Dany désirait être candidat en France parce qu'on n'en voulait pas en Allemagne. Dix ans plus tard, Jean-Vincent Placé fera courir le même bruit lors de la préparation des élections européennes de 2009. Et Stéphane Sitbon entonnera le même refrain à la veille du congrès de La Rochelle 2011 : « "Il" s'investit en France parce qu'on n'en veut plus en Allemagne. » En matière de calomnie, les apparatchiks manquent d'imagination. Ce même Stéphane Sitbon a été nommé directeur de campagne d'Eva Joly…

La campagne de 1999 fut une réussite. Dany y a été brillant, comme d'habitude. Résultat, nous avons frôlé les 10 %. Le soir même des résultats, en guise de remerciements, Dominique Voynet disait à quelques amis, parlant de Dany :

« Maintenant, on lui paye un aller simple pour Francfort et qu'il nous foute la paix ! » De nombreux camarades non-Verts avaient soutenu sa campagne. Nous avions senti qu'il fallait ouvrir cet espace confiné qu'était le Parti Vert. Dany a donc proposé de créer la « Troisième Gauche Verte », TGV pour les intimes. Troisième gauche en référence à la deuxième : nous l'avons toujours préférée à la première !

Aux Journées des Verts de Lorient, Dany avait été copieusement sifflé par les militants. Il est donc reparti en Allemagne et beaucoup de nous se sont sentis orphelins. En 2004, Dany a donc été élu au Parlement européen, sur la liste des Verts allemands. Outre-Rhin, la tête de liste est toujours formée de deux personnes : une femme et un homme. Dany faisait partie de cette doublette. Voilà pour en finir avec les ragots sur le thème : *« Les écologistes allemands ne veulent plus de Dany. »* Les Allemands on fait 14 %. Et les Verts français ? À peine plus de 7 %... Et Dany est devenu le coprésident du groupe Vert européen.

En 2007, Dany m'a dit que, pour son dernier mandat, il aimerait être élu en France : la boucle serait bouclée... Naître à la politique en France et mener une dernière campagne française avant sa retraite d'élu.

Les Verts hexagonaux n'étaient pas dans une situation florissante. Dominique Voynet venait de faire 1,5 % à l'élection présidentielle : pas de quoi pavoiser. Des mouvements de mécontentement s'exprimaient ouvertement. Yves Cochet demandait la dissolution des Verts. Marie-Hélène Aubert réclamait une réorientation du parti…

Cette fois, il n'était donc pas question de conduire une liste verte, même ouverte à quelques compagnons de route non encartés, comme on les appelait jadis au PC. Si Dany en prenait la tête, il s'agirait d'une liste d'écologistes, certes ouverte aux Verts, mais pas d'une liste verte. C'était ça ou rien. Son nom a vite été trouvé : ce fut « Europe Écologie ». Une équipe d'écologistes venus de la société civile s'est promptement regroupée autour de lui, Jean-Paul Besset et Pascal Durand proches de Nicolas Hulot, Yannick Jadot responsable de Greenpeace, auxquels s'ajoutera bientôt Sandrine Bellier issue, elle, de France Nature Environnement.

Quant à José Bové, il avait déjà été contacté par les Verts. La direction du parti était en effet persuadée qu'il lui revenait d'arbitrer entre Dany, le libéral libertaire partisan du Oui au référendum sur le traité constitutionnel et José, partisan du Non et fervent altermondialiste. Avec sa myopie habituelle, cette direction avait négligé deux choses : José, lui aussi, était imprégné de la tradition libertaire. Et, sur le traité constitutionnel, leur opposition n'avait rien à voir avec celle qui opposait des Européens, comme Dany, à des souverainistes-nationalistes de droite comme de gauche.

Les rédacteurs du traité y avaient introduit une troisième partie, qui n'avait rien à voir avec un traité constitutionnel. C'était la réécriture de tous les traités économiques. Dany a voté oui à cause des avancées que constituaient à ses yeux la première et la deuxième partie du traité, et ce, malgré cette troisième partie. José a voté non à cause de la troisième partie, en dépit des avancées de la première et de la deuxième partie.

Si j'apporte ces précisions, c'est pour faire comprendre qu'ils se sont, en vérité, entendus comme larrons en foire, que cela s'est vu à tous les meetings et, qu'entre eux, il n'y avait pas la moindre place pour que s'immisce un quelconque apparatchik vert.

L'arrivée d'Eva Joly mit la touche finale à ce casting idéal pour une campagne électorale. Eva avait envie de mettre au service du Parlement européen ses compétences en matière de lutte contre les fraudes financières de toutes sortes. Les parlementaires verts européens l'avaient invitée à Rome à l'une de leurs rencontres. Dany a appris par la presse qu'Eva, ayant proposé à François Bayrou sa candidature pour le Parlement européen, celui-ci lui avait répondu avec le plus grand sérieux qu'au Modem, il existait des procédures démocratiques pour la désignation des candidats et qu'il ne pouvait rien lui promettre. Quand on sait ce que raconte Jean-François Kahn sur la démocratie au Modem, il y a de quoi se tordre de rire : « *Le Modem,* dit-il, *est deux fois plus démocratique que l'UMP, car à l'UMP les décisions sont prises par une seule personne, Sarkozy, alors qu'au Modem, elles sont prises par deux personnes : Bayrou et de Sarnez. Le Modem est donc bien deux fois plus démocratique que l'UMP.* »

Dany a immédiatement pris son téléphone et proposé une place éligible à Eva Joly sur la liste Europe Écologie. Il y a bien eu quelques frictions entre mon frère et le politburo du Parti Vert, mais il lui suffisait de taper sur la table et tout rentrait dans l'ordre. La constitution des huit listes (puisque, pour les élections européennes, la France est divisée en huit régions) n'a pas posé de gros problèmes, ce qui ne sera pas du tout le cas pour les élections régionales de 2010. L'accord s'est fait sur la base de quatre têtes de liste vertes, dont Dany et quatre non-vertes et, bien sûr, de quatre têtes de liste femmes et quatre têtes de liste hommes. Cette double alternance Verts/non-Verts, hommes/femmes, était aussi la règle pour le reste des listes. Ainsi Eva Joly figurait-elle en seconde position sur la liste conduite par Dany en Ile-de-France.

On connaît le résultat : 16 % ! Et cela, malgré les pronostics de l'inénarrable Jean-Vincent Placé qui claironnait partout que, si les Verts avaient fait 8 % en 2004 sans

Dany, cette fois ils feraient tout juste 11 % avec Dany : un petit bonus, pas de quoi en faire tout un plat.

Au cours d'une vie politique de 50 ans et quelques années, j'ai connu davantage de défaites que de victoires ; mais, ce soir-là, c'était une belle victoire et nous l'avons fêtée comme il se doit. Pourtant, les réjouissances furent de courte durée. Ce monstre froid qu'est tout parti politique, même d'aussi petite taille que le Parti Vert, allait tout faire pour reprendre le pouvoir perdu au cours de cette campagne.

En 2009, aux Journées d'été de Nîmes, régnait encore un climat de joie. Nombreux étaient ceux qui espéraient que, dans le prolongement des élections européennes, nous assisterions à une transformation profonde, voire à la naissance d'une toute nouvelle formation politique, débarrassée des oripeaux sectaires congénitaux du parti. *« T'as qu'à croire… »* comme on dit à St Nazaire dans les milieux populaires.

À Nîmes, Dany leur avait proposé de lancer un appel à tous ceux qui avaient voté « Europe Écologie » afin qu'ils puissent adhérer au processus de transformation en cotisant à hauteur de vingt euros. Ce fut un « niet » catégorique du politburo vert. Aussi bien de Jean-Vincent Placé, qui se prend volontiers pour Richelieu et se rêve en ministre de l'Intérieur, que de Cécile Duflot, laquelle préfère être la patronne d'un micro-parti plutôt que participer à la construction d'une force capable de talonner, voire de dépasser le PS comme le font les Verts allemands, car elle n'en aurait peut-être plus le contrôle.

Ne pas passer outre à ce diktat fut la grande erreur de Dany. Il a cru qu'il arriverait à convaincre l'appareil vert et que, comme lors de la campagne des élections européennes, celui-ci céderait après quelques coups de gueule. Il n'en fut rien.

« Europe Écologie » n'était donc qu'un mot qui allait servir de cache-sexe au Parti Vert. Malgré les 16 % aux Européennes, les Verts encartés commençaient une attaque en règle contre le « scandale », à leurs yeux, de la cooptation des candidats non-Verts sur les listes, alors que leurs candidats avaient, disaient-ils, été *« désignés démocratiquement »*. Comprenez par la direction du parti qui, elle, était légitime et avait été élue démocratiquement... Par exemple, en Bretagne, il y avait eu un scrutin pour désigner la Verte qui serait derrière Yannick Jadot. Janick Moriceau arriva largement en tête, mais le politburo décida que ce serait Nicole Kill Nielsen, les votes n'étant que consultatifs... Vive la démocratie !

Ce manque d'une base d'adhérents non-Verts fut une catastrophe. On remplaça les adhérents par des structures bureaucratiques appelées « CAP » (Comité d'animation politique), tant au niveau national que régional. C'est là que se discutaient les orientations à venir, c'est là que se prenaient les décisions. Les non-Verts qui y siégeaient ne représentaient qu'eux-mêmes. Jean-Paul Besset était persuadé qu'avec ses petits muscles et sa grande intelligence, il viendrait à bout des résistances de la micro-bureaucratie verte. Pascal Durand était persuadé que ses colères et quelques chaises cassées feraient trembler le politburo… Il n'en fut rien, bien sûr.

Face à cette situation, que faire ? Quelques-uns, Verts à visages humains, (ils ne sont pas nombreux, c'est vrai, mais ils existent), quelques non-Verts sans ambitions politiques personnelles (ils n'en sont pas tous dépourvus, loin de là, mais ils existent aussi) ont alors créé « les amis d'Europe Écologie ». Nous voulions avoir droit à une parole libre et tenions à nous exprimer publiquement. Nous souhaitions être le symbole du rassemblement des écologistes, qu'ils appartiennent aux Verts ou à une autre formation politique, à Cap 21 de Corinne Lepage, au Modem, comme nos amis Benhamias ou Yann Wehrling, au MEI d'Antoine Waechter, sans qu'il aient besoin de quitter leur petite amicale politique ou encore le PS. Et, bien sûr, nous nous adressions à tous ceux qui, sans aucune appartenance, avaient participé à la campagne des Européennes à nos côtés.

Le dimanche 26 septembre, les « amis d'Europe Écologie » ont organisé, dans trois restaurants de la rue Boulard, dans le XIVe arrondissement de Paris, une série de débats sur l'avenir politique de l'écologie. Les représentants de toutes les grandes ONG environnementales avaient répondu à notre invitation : Pascal Husting de Greenpeace, Serge Orru du WWF, Cécile Ostria et Alain Grandjean de la Fondation Hulot, des représentants de la CFDT, des représentants d'associations de quartier... Étaient également présents Corinne Lepage, Christophe Caresche du pôle écologique du PS, Noël Mamère pour les Verts et Dany toujours aussi inclassable. Enfin, horreur, des membres du gouvernement de Sarkozy comme Martin Hirsch et, suprême abomination, Jean-Louis Borloo, venu parler du Sommet de Copenhague. Il y eut là des débats de haut niveau sur les élections régionales à venir, sur la taxe carbone, et sur les relations difficiles entre monde associatif et partis politiques.

Jean-Vincent Placé avait menacé les Verts (et non-Verts) qui accepteraient notre invitation d'êtres bannis des listes lors des prochaines élections régionales. Les Verts nous accusaient d'avoir organisé cette journée pour concurrencer la réunion du comité central du Parti Vert, appelé CNIR, qui se tenait le même jour et dont nous autres, allergiques aux structures de parti, ignorions jusqu'à l'existence. Et *a fortiori* les dates de réunions.

Les « Amis d'Europe Écologie » sont devenus la bête noire non seulement de la direction des Verts, mais aussi des nouveaux bureaucrates non-Verts qui ne voulaient pas faire de vagues avant de négocier leurs futures places sur des listes, en position éligible, et pour qui l'ouverture s'arrête à leur petite personne. Comme l'avait dit un jour François Bayrou à qui il arrive parfois d'être drôle : « *Pour les places éligibles sur les listes, il y a beaucoup plus de culs que de places disponibles.* »

Nous étions devenus le poil à gratter des bureaucrates de tout acabit, Verts ou non. En proie aux relents trotskistes de sa jeunesse, Jean-Paul Besset nous avait même demandé de nous dissoudre !

Nous avons accepté de la mettre en veilleuse, le temps des élections régionales. Petit à petit, le parti a remis la main sur tout un processus qui aurait pu lui échapper. Certes, les listes régionales étaient composées de Verts et de non-Verts. Les premiers désignaient leurs candidats, les seconds n'avaient rien à dire. Par contre, la désignation des non-Verts ne pouvait se faire sans l'accord du parti : « *Ce qui est à moi est à moi, ce qui est à toi, on en discute.* »

La création d'une nouvelle formation politique ne fut qu'une illusion. Dany avait lancé l'idée d'une coopérative politique. Nous la voulions autonome par rapport au parti. Les Verts se sont méfiés. Ils ont freiné tant et plus ; ils ne pouvaient l'imaginer que rattachée au parti, sur le modèle des compagnons de route du Parti communiste, cette fois institutionnalisée et toujours sans pouvoirs.

Nous sommes nombreux à avoir refusé d'aller à Lyon où devait être adopté l'acte de création de ce qui allait s'appeler « Europe Ecologie-Les Verts ». Pour beaucoup d'entre nous, ce « les Verts » ajouté à « Europe Écologie » était de trop.

Dany et ses amis allaient se lancer dans une nouvelle bataille qu'ils perdront à nouveau, celle du mode de scrutin. Ils ont voulu introduire le vote par Internet pour toutes les décisions à prendre. Comme Ben Ali, comme Moubarack et comme le Parti communiste chinois, la direction des Verts se méfie d'Internet et s'y est opposée. Une formation politique qui discute et qui vote par Internet ne peut être contrôlée. Tandis que rien n'est plus facile dès lors qu'on oblige les électeurs à se déplacer avec une procuration par personne au maximum.

Finalement, pour le premier Congrès « d'Europe Écologie-Les Verts » qui s'est tenu à La Rochelle, les votants des différentes motions devaient faire plusieurs heures de route et attendre interminablement pour s'inscrire sur les listes de présence. Tout ça pour mettre un bulletin dans l'urne.

Ainsi, sur 12 000 adhérents, seuls 3 000 se sont déplacés, soit 25 %. Chacun ayant une procuration en plus de sa voix, on dénombra donc 6 000 votants. La motion de Cécile Duflot a été votée par 50 % des votants, soit 1 500 personnes présentes physiquement et, donc, 12,5 % des adhérents ! Ce qui n'empêchera pas Cécile Duflot et ses amis de dénoncer le taux d'abstention aux différentes élections en France et la non-représentativité des élus de la République.

C'est ainsi que fonctionnent les partis politiques réduits à une petite oligarchie au service de la direction.

Dany et ses amis ont donc été battus au Congrès de La Rochelle. En revanche, pour désigner le candidat d'Europe Ecologie-Les Verts à la présidentielle, le politburo des Verts a accepté le vote par Internet qui, dans ce contexte, ne représente aucun danger pour le parti, si ce n'est celui de ne pas voir leur poulain élu.

En finir avec ces pratiques, c'est la raison pour laquelle nous sommes nombreux à croire à l'idée de la coopérative écologique comme force politique d'un type nouveau et des mœurs différentes. Elle doit être indépendante du Parti Vert et couper le cordon ombilical qui la relie encore à lui. Elle doit accepter la double appartenance : on peut être membre de la coopérative, mais *aussi* des Verts, du PS, du Modem, de Cap 21, de Génération Écologie, du Mouvement Écologique Indépendant, etc. Le vote par Internet y sera la règle. La minorité aura le droit de défendre publiquement ses convictions. La coopérative ne présentera pas de candidats aux différentes élections mais pourra en « labelliser ».

Nous devons tout faire pour que les électeurs qui nous ont apporté leurs suffrages lors des élections européennes reviennent et s'engagent à nouveau. Trois débats me paraissent prioritaires. Celui de l'élection présidentielle : faut-il un candidat écolo ou non ? Le nucléaire : nous devons accepter que des écologistes, comme Jean-Marc Jancovici, au nom du réchauffement climatique, prônent la continuation du nucléaire. En revanche, eux – et lui en particulier –, devront admettre que ceux qui militent pour la sortie du nucléaire ne sont pas qu'une bande d'ignares dénués de toute compétence. Enfin, la représentativité de toutes les assemblées élues, qui passe par une dose significative de proportionnelle, y compris à l'Assemblée nationale.

Si je crois encore à l'importance de l'action politique, je pense qu'elle doit se trouver des formes d'organisations qui rompent avec celles élaborées au XXe siècle et en inventer de nouvelles qui permettront à tous ceux qui le veulent de pouvoir participer aux différents débats et aux décisions à prendre sans que cela leur prenne tout leur temps. Nous devons participer aux primaires du PS en interpellant les candidats sur nos positions. François Hollande m'a déjà fait savoir que les cinq points de ma lettre à Eva méritaient d'être repris. C'est ainsi que nous ferons de l'écologie la grande force politique dont la France a besoin.

Déjà parus

Aux éditions Mordicus

Faut-il être plus sévère avec nos enfants ? Edwige Antier et Aldo Naouri, septembre 2008.

Faut-il avoir peur des religions ? Elie Barnavi, Mgr di Falco, Tariq Ramadan, septembre 2008.

Faut-il croire les journalistes ? Serge July, Jean-François Kahn, Edwy Plenel, septembre 2009.

Et si on jugeait les juges ? Roland Agret, Philippe Bilger, octobre 2009.

Les Français sont-ils antisémites ? Elisabeth Lévy, Robert Ménard, novembre 2009.

Faut-il interdire les écrans aux enfants ? Bernard Stiegler, Serge Tisseron, novembre 2009.

Peut-on tout dire ? Bruno Gaccio, Dieudonné, mars 2010.

Pour ou contre la garde alternée ? Claire Brisset, Catherine Dolto, Gérard Poussin, avril 2010.

Pour ou contre l'homéopathie ? Elie Arié, Jacques Boulet, mai 2010.

Les homosexuels font-ils encore peur ? Christine Boutin, Henry Chapier, Franck Chaumont, juin 2010.

Cantines : le règne de la mal-bouffe ? Philippe Durrèche, Jacques Pélissard, août 2010.

Faut-il avoir peur des francs-maçons ? Alain Bauer, François Koch, octobre 2010.

Des intellectuels jugent les médias, tomes 1 et 2, novembre 2010.

Dans la collection « Coups de colère »

Vive Le Pen ! Emmanuelle Duverger et Robert Ménard, avril 2011.

Dans la collection « Messages personnels »

Quand on aime, il ne fait jamais nuit, Mgr Jacques Gaillot, octobre 2011.

Achevé d'imprimer en septembre 2011
Belgique – D. 0992